AF705648

दो लब्ज़...

जो कह न सके...

UjjasTarang

BookLeaf Publishing
India | USA | UK

Made with ❤ on the BookLeaf Publishing Platform
www.bookleafpub.in
www.bookleafpub.com

Dedication

To my sister,
for her quiet strength and unwavering belief.
To my wife,
for being the constant presence behind my words,
and for understanding even what I could never say.
To my father,
for the values, discipline, and strength
that shaped who I am.
To my mother,
for her love, warmth, and silent prayers
that live within every word I write.
And to my son, **Kabir**,
whose innocent smile reminds me
of the purest form of joy and life.
This book is dedicated to all of you—
for being the unseen rhythm
behind every line I have written.

Preface

Some moments pass quietly,
yet stay within us long after they are gone.
Some feelings remain unspoken,
yet they shape us in ways words often cannot.
This book is a collection of such moments and emotions
—
the ones that stayed,
the ones that lingered,
and the ones that slowly found their way into words.
For me, writing has never been an effort.
It has always been a flow—
a way of understanding what I feel,
and preserving what I have lived.
These poems are born from memories,
from relationships,
from love, silence, longing, and reflection.
Some are deeply personal,
while others may feel familiar—
as if they belong to anyone who has ever felt deeply.
If, while reading these pages,
you find a moment that feels like your own,
or a feeling you once carried within you,
then this journey—

from my heart to these words—

has found its meaning.

— **UjjasTarang**

Acknowledgements

I would like to express my heartfelt gratitude
to my family,
whose love, support, and belief
have always given me the strength to express myself.
I am equally thankful to my friends and well-wishers,
who have been a part of my journey—
directly or indirectly—
and have contributed to the experiences
that shaped these words.
Many of these poems are not just mine alone.
They are reflections of moments,
of people, of relationships,
and of the shared human experiences
that connect us all.
I am also deeply grateful to my readers,
for giving their time and space
to these words.
Any piece of writing truly comes alive
only when it reaches another heart—
and finds a place within it.
This book, in many ways,
belongs as much to you
as it does to me.

1. सपनों का मुसाफिर

मैं मुसाफिर आज,
सपनों की राह पर,
हैं अनजानी राहें,
मस्ती भरे सफर पर।

सपनों की सड़क पर,
एक सुहाना साथ-सा,
मैं निकला सफर पर,
खूबसूरत संगीत-सा।

————————

ना काबू राग पर,

ना संयम ताल पर,
मस्त मगन मन रे,
तू गाए क्यों बेक़ाबू रे।

बुझे जो तेरा साथ तो,
संयम हो राग में,
चंचल मन पूछे फिर,
क्या बात है तेरे ताल में।

——————

राह रुकी एक मोड़ पर,
दिल कहे न बात इस राह में,
भूला-भटका कई मोड़ों पर,
ना मिली वो तेरी राह रे।

एक मोड़ पर फिर मिले

कई मुसाफिर इस राह के,
गीत गाते, गुनगुनाते,
साथ चले इस राह पे।

———————

सीखे गीत जो राग में,
गाए वही ताल में,
गीत-संगीत के सफर में
चले मुसाफिर साथ में।

कई मुकाम आए,
यादों के कई दीप जले,
रिश्ते बने ये प्यारे,
जुड़े, जब हम साथ चले।

———————

जब आए आख़िरी मुकाम रे,
साथियों, न छूटे तेरा साथ रे,
हर वक़्त, गीत-संगीत में,
अमर रहे हमारा साथ रे।

मैं मुसाफिर आज
सपनों की राह पर,
हैं अनजानी राहें
मस्ती भरे सफर पर।

2. चाय की चुस्की

दिन की पहेली,
गरम चाय की चुस्की,
आंगन दाना चुगती,
चिड़िया ले चहेकी।

अख़बार पढ़ते पिताजी,
पीते चाय से पहले पानी,
माँ की रसोई जा महेकी,
जब उबली फुदिना तुलसी।

———————

गरम चाय की चुस्की,
जैसे दादी की थपकी,
रातभर पढाई की परेशानी,
चाय बनादे बहना प्यारी।

बार बार जहां वो उबली,
चाय की वो टपरी,
मित्रो संग सी कहानी,
बुझे जैसी पहेली।

पवन करे चाय ठंडी,
हो डूबे बातो में साथी,
काकाजी की वो टपरी,
फिर गरम चाय मंगवा ली।

वही पुरानी भगोनी,
जिसमें चाय बनाती संगिनी,
वही जो आ पहुची,
माँ की प्यारी झप्पी।

———————

रूठी हुई संगिनी,
घुमाले लम्बी सड़क पे गाड़ी,
फिरभी ना माने संगिनी,
पिलादे फुदीने वली चुस्की।

कागज में लिपटी,
पकौड़े के साथ चटनी,
सागर पाल पे पिली,
इलाइची वाली चुस्की।

———————

दिन की वो आखिरी,
चाय की गरम चुस्की,
संग चकोर चांदनी,
जैसी पुरे दिन की आमदनी।

दिन की पहेली,
गरम चाय की चुस्की,
आंगन दाना चुगती,
चिड़िया ले चहेकी।

3. बरसात की हलचल

घुमड़-घुमड़ आये बादल,
दिल में मची हलचल,
सुर-सुर गुंजता पवन,
मन मचले हर-पल।

———————

पल-पल निहारु आकाश,
बूँद के आस में पात-पात।
गरज-गरज बिजली गिरे,
कपे सारा तन-मन।

टिप-टिप गिरती बुंदे,

पायल बजे छम-छम,
नाचे-गाते मयूर,
चकोर परखे टक-टक।

———————————

भीनी-भीनी माटी महेके,
भीग जाए तन-मन,
टुकुर टुकुर राह देखे,
वादिया जाए खिल-खिल।

काले-काले बादल,
बरसात हो थप-थप,
खिले-खिले कमल,
किचड़ में चप-चप,

———————————

ठंडी-ठंडी हवा संग,
चांदनी हो मंद-मंद,
रुके-रुके वक्त में,
भीगे-भीगे हम-तुम।

सूखे-सूखे जहां में,
बरसात सी रिम-झिम,
साथ-साथ चलते तेरे,
निहारे तूजे हरदम।

———————

घुमड़-घुमड़ आये बादल,
दिल में मची हलचल,
सुर-सुर गुंजता पवन,
मन मचले हर-पल।

4. बचपन की किताब

आज खोली,
एक किताब बचपन की,
याद होली,
एक बात बचपन की।

जमी थी धूल,
पड़ी थी किसी कोने में,
याद आई वह,
एक बच्चे के हंसने से।

ना डर कुछ खोने का,

ना परवाह किसी को पाने की,
खुश एक मिश्री को पाकर,
बातों-बातों में सपने बुनकर।

ना समझ दुनियादारी की,
मस्त मगन दुनिया अपनों की,
दुनिया ना समझ पायी,
मस्ती दिल से वो बचपन की।

वो नंगे पैर खेलना,
बारिश में वो भीगना,
कीचड़ में फिसल के,
वो माँ की डाँट खाना।

वो ज़िद जूते पाने की,
पापा से पाकर खुशी मनाने की,
वो ज़िद दोस्तों से मिलने की,
रूठकर माँ को मनाने की।

————————

वो लड़ना-झगड़ना,
रूठना और फिर मनाना,
खेल-खेल में,
कई दोस्त बन जाना।

समय बीता, वर्ष गुज़रे,
ना पढ़ाई का रास्ता दिखा,
लिखे कुछ शब्द ,
पढ़ेंगे अगले वर्ष लगाकर मन।

————————

अब आज,
सोचते हैं,
कब होंगे पचपन साठ के,
भूल जाते हैं वो,
प्यारे दिन बचपन के।

मुझसे पूछो,
तो कहूँ –
बचपन ही सबसे प्यारा,
मन करता है कोई पुकारे –
"नन्हा बच्चा प्यारा "।

5. एक अलग एहसास

यह अहसास कुछ अलग है,
हर दिन कुछ खास है।

सुबह की पहली किरण,
चिड़ियाँ की चहक,
लगे जैसे मधुर संगीत,
बहुत ही मनभावक।

———————

भीनी मिट्टी की खुशबू,
जैसे सावन का आगमन,
सावन से याद आया,

मयूर नृत्य मनभावन।

संधिकाल, प्रथम प्रहर,
न रात न दिन,
आने वाला है,
उम्मीदों का दिन।
मंद मंद पवन,
छूता मेरे तन को,
देता शांति का अहसास,
हठीले मेरे मन को।

————————

गर्मी की वो रातें,
सोते नीचे नीम,
आषाढ़ के वो दिन,
जोते बढ़िया बोआई।

माघ की वो प्रातः,
तापे आग संग चाय,
पल पल देता अहसास,
जैसे छेड़ा हो आलाप।

कहे, मन की एक तरंग,
नाचूं मैं मोर जैसे,
कलरव कोयल जैसे,
रहूं शीतल जैसे हवा,
महकूं मैं मिट्टी जैसे।

जियूं जैसे सूरज,
बह जाऊं जैसे नदी,
स्थिर गंभीर,
जैसे अनंत आकाश।

कल्पना नहीं,
ये स्वर्ग सरीखे नज़ारे,
और क्या मांगूं,
जब साथ हों ये सारे।

6. दो कदम साथ

लिखते बहुत तेरी याद में,
दो कदम तेरे वो साथ के।

पढ़ते झरोखे बैठे किताब,
शाम खिड़की से देखते,
करते सर्द सवेरे गर्म हाथ,
बारिश में एक छतरी समाते,
——————

लिखे नाम स्कूल बेंच पे,
बेंच पर साथ वो बैठते,

नाचते एन्युअल डे पे,
तेरे जाने बाद घर जाते,

दो पल तेरे वो साथ के।
दो कदम तेरे वो साथ के।

कॉलेज छोड़ बाग जाते,
लेखन के बहाने बात करते,
फिल्म देखने साथ भागते,
मंदिर के बहाने मिलते,
दो पल तेरे वो साथ के।
दो कदम तेरे वो साथ के।

भिड़ते तेरे दोस्तों से,

गलियों साथ खेलते,
नवरात्रि की रात के गरबे,
होली के रंग-बिखरे चेहरे,

दो पल तेरे वो साथ के।
दो कदम तेरे वो साथ के।

वो यादों का कारवां,
दिल की दीवारों पे उकेरा,
वक़्त की चादर में लिपटा,
आ जाए आज ख्यालों में।
लिखते बहुत तेरी याद में,
दो कदम तेरे वो साथ के।

7. चुपके-चुपके

चुपके-चुपके, कुछ तो छुपाके,
वो शरमा के, चुपचाप चली,
नज़रें झुकाके, दिल धड़काके,
साँसें रुकाके, चुपचाप चली।

———————

दिल चुराके, उड़ जा, उड़ जा,
ख़्वाब सजा के, छुप जा, छुप जा,
ये सपना है, हाँ, हाँ,
इसे आँखों में, बसा जा।

हल्की सी हँसी, होठों पे थी,

आँखों में, चिंगारी थी,
चेहरा बदला, चाल भी बदली,
जैसे उसमें, उड़ान नई थी।

———————

मैं बस उसको, देखता रहा,
दिल ये अंदर, कहता रहा,
बरसों वाला, वो इक सपना,
आज मेरे, हिस्से में था।

वक़्त वहीं पर, थम सा गया,
दिल का सूना, कोना भरा,
बरसों से, जो चाहा था,
उसका मुझको, जवाब मिला।

———————

डर था बस ये, नींद न टूटे,
टूटे ना, ये मीठा नशा,
अगर ये ख़्वाब, सच से प्यारा,
आँख न खोलूँ, मैं ज़रा।

तेरी वो चुप, सब कह गई,
मेरी धड़कन, ले गई,
तू जो पलटी, हल्का सा,
दुनिया मेरी, ठहर गई।

बस ये लम्हा, यहीं रहे,
तेरा जादू, यहीं रहे,
अगर सुबह ने, छू भी लिया,
तेरी महक तो, यहीं रहे।

अब जो मिला, ये पल तेरा,
दिल ने माना, सब है मेरा,
ये सपना है, हाँ, हाँ,
इसे आँखों में, बसा जा।

दिल चुराके, उड़ जा, उड़ जा,
ख़्वाब सजा के, छुप जा, छुप जा,
मेरी नींदों, मेरी धड़कन में,
धीरे-धीरे, समा जा

8. मान जा

मान जा, मान जा
किस बात पे रूठी, मान जा
तेरी चुप्पी, तेरी ज़िद
कैसे मनाऊँ, तुझको यारा

मान जा, मान जा
यूँ न खुद से दूर जा
दिल ये पुकारे रात-दिन
लौट आ मेरे पास, ज़रा

———————

रूठा तेरा दिल मैंने ये सुना

तेरी बातें, तेरी राहें
सूनी लगें ये महफ़िलें
बिन तेरे सब सूना लगे

तेरी हँसी के बिन अब तो
फीकी लगे हर बेला
तेरे बिना इस दिल को
कुछ भी नहीं गवारा

आदत न बने, तेरी ये चुप्पी
मन में तेरी बातें हैं ठहरी
ना रख दिल में ये दूरी
मैं हूँ बस तेरा, यारा

तेरे बिना, ये दिल मेरा

कुछ भी नहीं गवारा
तेरी यादों की आहट से
भीग रहा है ये मन मेरा

एक तेरे ही लौट आने से
फिर महकेगा जीवन
तेरी चुप्पी टूटे तो
साँस ले ये मेरा मन

समझ न पाऊँ, तेरी चुप्पी
परे जग से है तेरी चुप्पी
सह न पाऊँ तेरी चुप्पी
सोचूँ कैसे तोड़ूँ ये चुप्पी

एक बार तो बोल ज़रा

क्या है तेरे दिल में छुपा
मैं भी यहीं तू भी यहीं
फिर ये फ़ासला क्यों बना

———————

आ जा मेरे पास तू वापस
न भाए अब तेरी ये चुप्पी
मान जा, मान जा
किस बात पे रूठी, मान जा

छोड़ दे अब ये तेरी चुप्पी
लौट आ मेरे ओ मेरे यारा
मान जा, मान जा
मान भी जा, ओ यारा

9. नाम तेरा

नाम तेरा, नाम तेरा,
किससे जानूँ, किससे पूछूँ,
दिल ये बोले, बस तू ही तू,
तेरा पता अब किससे पूछूँ।

किताब बोली, राज़ न पूछो,
ये दिल वाली कहानी,
किसी गीत की मीठी धुन है,
या ख़्वाबों की रानी।

———————

जिस मेज़ पर तू बैठी थी,

वो अब भी याद दिलाती,
खुली किताब का हर इक पन्ना
तेरी बात सुनाती।

पन्ने पर जो मोड़ पड़ा था,
लगता तूने छोड़ा,
कोई आया, दिल छूकर गया,
कुछ अपना-सा जोड़ा।

एक पुरानी उधार पर्ची
तेरी याद जगा जाए,
बंद किताब में सूखा फूल
तेरा नाम सुना जाए।

आधा-सा इक लिखा हुआ था,

किसने आकर छोड़ा,
जिसने उसको पढ़कर देखा,
दिल उसने भी तोड़ा।

————————

अब मैं तुझको नाम से कम,
दिल से ज़्यादा जानूँ,
जो तूने मुझसे कहा नहीं,
उसको भी पहचानूँ।

कुछ रिश्ते ऐसे होते हैं,
बिन बोले चल जाते,
एक नज़र दिल पर जो ठहरे,
सालों तक रह जाते।

नाम तेरा, नाम तेरा,

किससे जानूँ, किससे पूछूँ,
दिल ये बोले, बस तू ही तू,
तेरा पता अब किससे पूछूँ।

———————

किताब बोली, राज़ न पूछो,
ये दिल वाली कहानी,
किसी गीत की मीठी धुन है,
या ख़्वाबों की रानी।

अब जो भी मैं किताब खोलूँ,
तेरा चेहरा आए,
तुझको ढूँढते-ढूँढते दिल
खुद को फिर से पाए।

10. तू ही सपना

अरे सुनो...
मन पे डाका किसने डाला?
अरे कोई तो है...
जिसने सपना चुरा डाला!

———————

चोर चुरा ले गया सपना,
सपने में था कोई अपना,
वो चोर भी निकला अपना,
कैसे माँगूँ उससे सपना?

तू ही तो है मेरा सपना,
तू ही तो है मेरा अपना!
दिल ये बोले हर पल अपना –
तू ही मेरा... तू ही सपना!

———————

खुली आँखों से देखा तुझे,
बंद आँखों से तरसा,
छूकर भी तुझको जैसे,
दिल फिर भी था प्यासा।

तेरी हँसी की धूप लगी तो,
मन मेरा भीगा-भीगा,
तेरे बिना हर एक लम्हा,
अधूरा-सा था जीना।

चोर बनके आया तू अपना,
अपनों के लिए ही बुना था सपना,
दिल की गलियों में चुपके-चुपके,
नाम मेरा ही लिखता अपना।

चोरी-चोरी दिल भी ले गया,
बिना वजह, बिना बहाना,
आज उसी की धड़कन में,
मेरा ही है ठिकाना।

सपना वो बना हमारा,
जब तूने माना मुझे अपना,

चोरी किया तूने सपना,
फिर सच कर दिया वो सपना।

जो सपना था पलकों के अंदर,
अब हाथों में है अपना,
चोर बन आया जो दिल में,
अब वही है मेरा अपना।

चोर चुरा ले गया सपना,
अब सपना ही है अपना!
तू ही तो है मेरा सपना,
तू ही तो है मेरा अपना!

11. दो लब्ज़

मंद-मंद टिमटिमाते तारे...
झील का ख़ामोश किनारा...
याद आया वो मंज़र...
जब आँखें थम गईं...
साँसें रुक सी गईं...

मैं ठहरा रहा...
तेरे इंतज़ार में...
सिर्फ तेरे इंतज़ार में...

हम दो लब्ज़ भी कह न सके...
कह न सके... कह न सके...
दिल की धड़कन रुक सी गई...
हम दो लब्ज़ भी कह न सके...

झील किनारे... वो शाम ढले...
साँसें मेरी... तुम तक चले...
धीमे-धीमे... कदम तुम्हारे...
रंग लिए थे... शाम के सारे...

रौशनी जब... तुम पर पड़ी...
चेहरे पे जैसे... ठहर गई...
मैं कुछ कहता... कह न सका...
दिल यूँ धड़का... रुक न सका...

पास जो आई... तुम मेरे...
फासले टूटे... धीरे-धीरे...

धड़कन बोली... कुछ तो कह...
लब मगर थे... बस यूँ ही सह...

आँखें ठहरीं... आँखों में...
वक़्त सिमट कर... बाँहों में...

रात उतरती... झील तले...
हम चुप बैठे... दिल कहे...

कल फिर मिलेंगे... तुमने कहा...
उस मुस्कान में सब कुछ था...

मैंने भी बस सिर हिलाया...
दिल ने चुपके से दोहराया...

अब भी वही झील...
वही शाम... वही तुम...

और मैं फिर ठहरा हूँ...
तेरे इंतज़ार में...
हम दो लब्ज़ भी...
कह न सके...

12. प्यार है तुझसे

ख़्वाब हो तुम, हक़ीक़त भी,
दिल की धड़कन, जीने की वजह भी...
मन बेचैन है हर पल यूँ,
प्यार है तुझसे... जताएँ कैसे...

———————

मन बेचैन है, समझाएँ कैसे,
दिल की धड़कन छुपाएँ कैसे,
जब भी तेरी यादें आएँ,
इन आँखों को समझाएँ कैसे,
प्यार है तुझसे... जताएँ कैसे...

———————

तेरी हँसी में सुबह सी लगे,
तेरी बातों में शाम सी लगे,
तेरे बिना ये दिल खाली,
इस खालीपन को भरें कैसे,
प्यार है तुझसे... जताएँ कैसे...

———————

तेरा नाम जो लब पे आए,
दिल फिर मुस्काए कैसे,
तू सामने जब आ जाए,
नज़रें झुक जाएँ कैसे,
इतना सा कहना है तुझसे,
दिल की बात छुपाएँ कैसे...

———————

जब तू पास मेरे होता है,
दिल को सुकून सा मिलता है,
तेरी ख़ामोश सी मुस्कान में,
हर जवाब सा मिलता है,
बस एक इशारा कर दे तू,
कहने को फिर बचेगा क्या...

———————

ख़्वाब हो तुम, हक़ीक़त भी,
दिल की धड़कन, जीने की वजह भी,
मन बेचैन अब कहता है,
प्यार है तुझसे... छुपाएँ कैसे...

प्यार है तुझसे... जताएँ कैसे...

13. तेरी मेरी कहानी

ख़्वाबों में तू क्यों रहती अलग,
साथ देना चाहूँ मैं तक फ़लक...
ख़्वाबों में तू क्यों रहती अलग,
साथ देना चाहूँ मैं तक फ़लक...

———————

हवा लाई तेरी महक,
साँसों में मीठी सी कसक,
पहली सी तेरी वो झलक,
दिल में चमकी एक धड़क।

होंठों पे तेरा ही नाम,
जैसे हो कोई प्यारा सा नग़मा,
दूर सही पर हर लम्हा,
रहता है तेरा ही सपना।

चाँद भी तुझपे ही फ़िदा,
तारों ने तेरा ज़िक्र किया,
हल्की सी तेरी मुस्कान ने,
मेरा हर दिन रोशन किया।

नज़रें जब तुझसे मिलती हैं,
वक़्त भी मुस्कुराने लगे,
दिल के इस छोटे से घर में,
बस तेरे ही रंग जगमग लगे।

खामोश नज़ारे कुछ कह गई,
मेरे दिल की धड़कन रुक गई,
लम्हा था छोटा सा मगर,
कहानी बन गई तेरी मेरी।

ख़्वाबों में तू क्यों रहती अलग,
साथ देना चाहूँ मैं तक फ़लक,
दिल ये कहे बस तेरा ही हक़,
तू ही मेरी हर धड़क।

14. इंतज़ार

रास्ता तेरा देखे, चाँद सूरज तारे,
दिल तनहा अकेला, खोया यादों में तेरी।

——————

हर लम्हा लगे अधूरा, बिन तेरे ओ साथी,
जहाँ ख़्वाबों का हो बसेरा, मिल जा ओ
हमराही।

प्यार न समझे दुनिया, समझे हमें
अनाड़ी,
तेरी यादों में खोया, न याद दुनिया सारी।

चाँद भी लगे फीका, तारों में भी उदासी,
दिल की सूनी गलियों में, तेरी है परछाईं।

मन भर ख़ामोशी, आँखें जो सुनाती,
वक़्त की सुखी स्याही, लिखी ये कहानी।

रातें भरी तन्हाई, ख़्वाब तेरा सजाती,
आँखों से ओझल निंदिया, तेरा नाम
गुनगुनाती।

सवेरे की धूप आयी, तस्वीर तेरी धुंधलाई,

धड़कनों ने कहा धीरे – वो तेरे ही दिल में
समाई।

———————

हर लम्हा लगे अधूरा, बिन तेरे ओ साथी,
जहाँ ख़्वाबों का हो बसेरा, मिल जा ओ
हमराही।

लौट आ जा ज़रा ओ राही, दिल तुझे
पुकारे,
चाँद लम्हे ओ साथी, यादों में ले समेटे।

15. बादलों की आड़ में चाँद

बादलों की आड़ में चाँद,
ज़ुल्फ़ों की छाँव में मेरा चाँद ।

राह तकूँ कमलनयनी,
जैसे चकोर देखे चाँदनी।

पायल की वो खनक,
गुलाब की भीनी महक,
आँखों की वो कसक,
दिल में उठाए ललक।

राह देखूँ बस तेरी एक झलक,
हर सांस में बसी तेरी दस्तक।

———————

चूड़ी की खनक, सांसों की आहट,
हाथों का स्पर्श, सादगी की मूरत।

माथे की बिंदी, सिरकती साड़ी,
चमकती वो बाली, जैसे हो बंधन भारी।

———————

हवा सी मचलती तेरी सांसें,
आग सी तड़पाती तेरी आँखें।
पत्थर सा दबा ये दिल मेरा,

डरता बादलों सा मन बेचैन।

————————

तेरे आने से, तेरे पाने से,
तेरी आहट से मिला अहसास

– कि मैं हूँ... तेरे होने से ख़ा

16. मुझे रंग दे

मुझे रंग दे – रंग दे!
तेरे इश्क़ में रंग दे!

रंग दे! रंग दे!
रंग दे! रंग दे!

————————

जब तू मुस्कुराए हल्का सा,
दिल मेरा धड़क जाए,
सर्दी की नरम सी धूप,
छत पे चुपके आ जाए...

तेरी झलक पड़े जो मुझ पर,
वक़्त वहीं ठहर जाए,
मैं देखूँ बस तुझको ही,
दुनिया पीछे रह जाए...

बालों को कान के पीछे,
धीरे से जब सरकाए,
दिल की सोई धड़कन भी,
तेरा नाम दोहराए...

मैं कहना चाहूँ कुछ तुझसे,
लब फिर भी रुक जाए,
तू पास खड़ी बस यूँ ही,

हर ख़्वाब सजा जाए...

———————————

चुपके से मैं देखूँ तुझे,
तू नज़र मिला जाए,
हल्की सी वो मुस्कान,
दिल को छू के जाए...

तेरी बातों का रंग,
दिन भर मुझमें छा जाए,
तू दूर भी हो तो भी,
दिल तेरे पास ही जाए...

———————————

ना सितारे गिनने हों,

ना बातें बेहिसाब...
बस ख़ामोशी बोले धीरे,
और लंबी सी एक रात...

तेरा सर मेरे कंधे पे,
हवा का हल्का सा साथ,
वक़्त ठहर सा जाए...
और लंबी सी हो रात...
और लंबी सी हो रात...

बस इतना सा ख़्वाब मेरा,
तू धड़कन में बस जाए...
मैं आँखें बंद करूँ जब भी,
तेरा चेहरा दिख जाए...

मुझे रंग दे – रंग दे!
तेरे इश्क़ में रंग दे!
मेरे संग चल – संग चल!
फ़लक तक बस संग चल!

17. राह तकती आँखें

राह तकती ये आँखें तेरी,
महके सारी रात,
भीगी पलकें कहती
मुझसे – तू ही मेरी बात।

———————

मीठी-मीठी तेरी बोली,
छू ले हर एहसास,
गुलाब-सी तेरी मुस्कान,
बस जाए दिल के पास।

काले घने ये केश तुम्हारे,

बादल-से लहराएँ,
हरी वादी-सी तेरी अदाएँ,
मुझको पास बुलाएँ।

———————

कथक की थिरकन-सी चाल,
चुरा ले मेरा चैन,
खनकती चूड़ियों की धुन में,
खो जाएँ मेरे नैन।

जब पल्लू हल्का-सा सरके,
धड़कन हो बेकरार,
तेरे अत्तर की खुशबू में,
बस जाऊँ बार-बार।

———————

कोमल होंठों की लाली,
चुरा ले हर बात,
काजल भरी तेरी आँखें,
लिख दें मेरी सौगात।

बस इक छोटी-सी तमन्ना
– थाम ले मेरा हाथ,
तेरे संग ही कट जाए,
मेरी हर इक रात।

————————

कौन राधा, कौन हीर
– सब लगें अधूरे,
तेरे बिना ये दिल,
मेरे सपने भी हैं अधूरे।

तेरी यादों में खो जाऊँ,
थम जाए हर रात,
भीगी पलकें मुस्काएँ
अब – तू है मेरी बात।

18. तेरी मेरी यारी

तेरी मेरी यारी,
यारी ये निराली,
दुनिया समझे पहेली,
पड़े सब पे ये भारी।

दिल से दिल की डोरी,
प्यारी मस्ती ने रंगी,
वक़्त के परे ले जाती,
जिसमे जले दुनिया सारी।

साथ तेरे हंसी, साथ तेरे खुशी,
ग़म भी लगे आधा जब तू पास खड़ी।
न फ़ासले न दूरी, सब मिटा दे दोस्ती,
यही तो है ज़िंदगी की असली बंदगी।

चलते-चलते राहें बदल भी जाएं,
दोस्ती के क़दम कभी ना डगमगाएं।
आंधी-तूफ़ान हो या हों अंधियारी रातें,
दोस्त का हाथ ही रोशनी जगमगाएं।

रातों में बातें, सुबह तक हंसी,
सपनों की राहों में तू है बसी।
ना लालच, ना सौदे, बस भरोसे का जहां,
दोस्ती है वो रोशनी, जो बुझने न दे दिया।

हर मुश्किल राह में, तू साथ मेरा,
तेरे बिना सूना, हर ख्वाब बसेरा।
दोस्ती से बढ़ती है हिम्मत हमारी,
मेरा तू यारी का प्यारा खजांची।

———————

यारों के बिना ये सफ़र अधूरा,
दोस्ती से ही है जग में नूरा।
हंसते-गाते, मस्ती में झूमे,
यारी का ये गीत हमेशा गूंजे।

19. वक़्त

वक़्त...
जो थमता नहीं,
किसी के लिए रुकता नहीं।
ये बस बहता है...
हथेलियों से रेत की तरह फिसलता है।

———————

बहता वक़्त है,
जैसे नदियों की धारा,
मिलता अतीत से,
जैसे समुंदर गहरा।

ना कोई जीता इसे,
ना ये किसी के लिए ठहरा,
ना डर किसी के खोने का,
ना कोई सहारा।

———————

ये वक़्त कभी,
मुस्कुराहट बनकर आता,
तो कभी खामोशियों में,
खुद को छिपाता।

कभी हाथ थामकर,
मोड़ तक ले जाता,
तो उसी मोड़ पर,
हमें छोड़ भी जाता।

———————

ये लम्हे जो बीतेंगे,
लौटकर ना आएँगे,
सपनों के दरवाज़े,
ख़ुद-ब-ख़ुद बंद हो जाएँगे।

हर पल को जी ले अब,
थाम ले अपनी राहें,
वक़्त के संग चलते-चलते,
कहानियाँ बन जाएँगे।

———————

ये वक़्त थम जाए,
ज़रा इस लम्हे में,
तेरी हँसी बसा लूँ,

दिल की गहराई में।

तेरे चेहरे को निहारूँ,
चुप्पी की छाया में,
ये वक़्त ही साथी है,
और ये ही परछाई में।

वक़्त...
कहानियों का लेखक,
लम्हों का पहरेदार।
ना ये मेरा, ना तेरा –
ये बस बहता है
बहता रहे ये सफ़र,
जैसे ख़्वाबों का संसार।

जो थमता नहीं,
किसी के लिए रुकता नहीं।
ये बस बहता है...
हथेलियों से रेत की तरह फिसलता है।

20. तू यहीं है कहीं

तू यहीं है कहीं,
मेरी साँसों में छुपी,
तू यहीं है कहीं,
मेरी बातों में बसी।

तू यहीं है, यहीं है,
यहीं है कहीं,
तू न पास होकर भी,
दिल कहे तू यहीं है।

ढूँढूँ चाँद की परछाईं में,
पाऊँ तुझे पत्तों की सरसराहट में,
कागज़ के पन्नों पे स्याही बन,
छुपाना चाहूँ दिल की गहराई में।

तेरा होना यूँ मिल जाता,
हर चुप-सी तन्हाई में,
जैसे कोई नाम उतर आए,
मेरी रूह की गहराई में।

तेरी हँसी का नशा-सा है,
अब भी मेरी साँसों में,
एक दफ़ा जो तू करीब आई,
रह गई मेरे एहसासों में।

छूटी-सी वो बात अधूरी,
अब भी दिल में जगी हुई,
तू दूर सही, पर इस दिल में,
तू ख़्वाब बन ठहरी हुई।

———————

महसूस तुझे हर इक आहट में,
रख लूँ तुझे अपनी चाहत में,
तू दूर सही, पर दिल ये कहे,
तू बसती है मेरी आदत में।

तेरी नज़रों की हल्की गर्मी,
अब भी है मेरी चाहत में,
एक दफ़ा तू पास जो ठहरे,

मैं खो जाऊँ तेरी नर्मी में।

अब तू मेरी बातों में है,
मेरे जीने के हिस्सों में,
मैं जैसा भी खुद में रहता,
तू शामिल है किस्सों में।

मेरी चुप में, मेरी धुन में,
मेरी रोज़ रवानी में,
तू पास होकर शामिल है,
मेरी हर कहानी में।

तू यहीं है कहीं,

मेरे ख़्वाबों में बसी,
मेरे दिल की हर इक धुन में,
बस तेरी ही कमी।

21. मुड़ता गया

ख्वाबों की चादर ओढ़े,
चुप सा कोई चलता,
धुंधली सी राह के आगे,
बस अपना ही साया।

खुद को पाने की ज़िद में,
खुद से ही दूर होता,
भीड़ के बीच खड़ा था,
पर भीतर कुछ खोता।

———————

चलता गया... रुकता गया...
गिरता गया... उठता गया...
खुद को ही ढूँढता हुआ,
हर मोड़ पे मुड़ता गया...

शीशे में चेहरा बदलता,
पर दिल कहीं और न लगता,
भीतर सवालों की हलचल,
कभी डूबता, कभी संभलता।

कुछ ख्वाब अधूरे थे,
कुछ डर साथ ही चलते,
टूट कर फिर जुड़ता,
थोड़ा सा भीतर दरकता।

कभी ख़ामोशी भारी,
कभी आवाज़ ही साथी,
जो बात होंठों तक न आई,
वो धड़कन में चलती रहती।

लम्हे धीरे बीतते,
एहसास अधूरे रहते,
जितना खुद को समझता,
उतने सवाल गहराते।

आईना भी सच न कह पाया,
दिल खुद से नज़र चुराता,

हर चेहरा साफ़ दिखता था,
पर भीतर धुंध छा जाता।

बस एक सच्चाई बाकी थी –
जिससे सामना करना था,
खुद से भागते-भागते ही
खुद तक पहुँचना था।

चलता गया... रुकता गया...
गिरता गया... उठता गया...
खुद को ही ढूँढता हुआ,
हर मोड़ पे मुड़ता गया...

चलता गया...

खुद से ही मिलता गया...

मुड़ता गया...

मिलता गया...

22. किसके सपने में था?

सपने ने पूछा सपने से,
तू किसके सपने में था?
जिसे तू अपना कहता था,
क्या सच में वो भी तेरा था?

तू खुद का था, या भीड़ का था,
या बस इक बहता दरिया था?
सपने ने पूछा सपने से,
तू आखिर किसका सपना था?

———————

मैं चला था कुछ चेहरे लेकर,

कुछ आवाज़ें, कुछ नाम लिए,
राहों ने जब आईना दिखलाया,
तब जाना, कितने भ्रम लिए।

जो चाहा था, वो मेरा था क्या,
या दुनिया की फरमाइश थी?
मैं जीत रहा था, या बस
औरों की ही आज़माइश थी?

———————

हर मोड़ पे इक सवाल मिला,
हर उत्तर आधा-अधूरा था,
जिसको मंज़िल समझ रहा था,
शायद वो बस रास्ता था।

———————

कुछ ख्वाहिश थीं उधार की जैसे,
कुछ अपने दिल की धड़कन थीं,
कुछ बातें सबको अच्छी लगतीं,
कुछ बस मेरी ही उलझन थीं।

जब चुप बैठा, तब ये जाना,
शोर मेरा पहचान नहीं,
जो भीतर से उजाला दे दे,
उससे बढ़कर अरमान नहीं।

ना हर चमक, मेरी रोशनी,
ना हर चाहत, मेरी चाह,
कभी-कभी खुद तक आने में
छूट जाती है सारी राह।

फिर दिल ने धीरे से ये कहा –
तू किसी और का हिस्सा नहीं,
जो तुझमें जगे, जो तुझमें बहे,
उस सच से बढ़कर किस्सा नहीं।

ना तेरा मोल तालियों में,
ना तेरी राह इशारों में,
तू अपना उत्तर खुद ही है,
मत खो जाना बाज़ारों में।

सपने ने पूछा सपने से,
अब किसके सपने में है?
दिल मुस्काया, आँखें बोलीं –
अब अपने ही रस्ते में है।

अब खुद का है, अब सच का है,
अब दिल की अपनी भाषा है,
सपने ने पूछा सपने से,
अब जाना – तू खुद ही सपना है।

तू खुद ही सपना है...
तू खुद ही रस्ता है...
जिसे ढूँढता रहा था तू,
वो तेरे अंदर रहता है...

23. ख़्वाब

लोग कहें, ख़्वाब देखो,
ख़्वाब देखो, ख़्वाब देखो,
जब ख़्वाब सच हुए तो
वही तो हक़ीक़त है।
आगे क्या?
आगे बढ़ो,
दिल से नया ख़्वाब देखो।

रात अंधेरी, दिल में ज्वाला,
रुकना मेरा काम नहीं,

गिर के उठना, फिर से चलना,
मेरे लिए अंजाम नहीं।

जो भी टूटा, सीख बना वो,
जो भी छूटा, रास्ता,
एक मंज़िल ने ये सिखलाया –
खुद से बनता वास्ता।

———————

थोड़ा धुआँ, थोड़ी चिंगारी,
बस इतना काफ़ी है,
आज अगर ये सच हुआ है,
कल फिर नई बारी है।

———————

ओ... नया ख़्वाब देखो,
ओ... नया ख़्वाब देखो,
एक बना हक़ीक़त तो
दूजा फिर से देखो।

———————

धूप जली तो पाँव तपे हैं,
फिर भी दिल ठहरा नहीं,
भीड़ बहुत थी, शोर भी था,
पर मेरा मन बिखरा नहीं।

मैंने अपने डर से लड़कर
अपना ही ऐलान किया,
कल जो केवल सोच थी मन में,
आज उसे अरमान किया।

———————

साँस-साँस में दौड़ रही जो
वो मेरी चाहत है,
एक शिखर पे क्या रुकना अब,
आगे भी हिम्मत है।

ना, ना, ना रुकना अब,
ना, ना, ना झुकना अब,
एक मिला तो दूसरा चुन,
दिल से आगे बढ़ना अब।

जो लिखा नहीं, वो लिखना है,
जो मिला नहीं, वो पाना है,
एक सपने के बाद यहाँ
सौ सपनों तक जाना है।

लोग कहें, ख़्वाब देखो,
हाँ, बार-बार ख़्वाब देखो,
जब ख़्वाब सच हुए तो
वही तो हक़ीक़त है।
आगे क्या?
फिर,
नया सपना देखो,

जीना है तो दिल से जीना,
खुद अपना रस्ता देखो।

ख़्वाब देखो...
ख़्वाब देखो...
एक हुआ हक़ीक़त तो
फिर नया सपना देखो...

24. मन का खेल

मन का खेल बड़ा निराला,
पल में धूप, पल में ज्वाला,
एक घड़ी ठहरा-सा सागर,
दूजी घड़ी बहे मतवाला।

———————

दुनिया बदली, सोच भी बदली,
बदले कितने रूप तमाम,
कल जो बात अटल लगती थी,
आज वही पूछे अंजाम।

मन ने फिर यह प्रश्न उछाला—

क्या सब पहले से लिख आया?
या मेरे साहस, मेरे कर्मों
ने भी कुछ आकार बनाया?

————————

हाथों की रेखाएँ चुप बोलीं—
हम बस संकेत बताते हैं,
द्वार भले ही सामने रख दें,
राह कदम ही बनाते हैं।
भाग्य लिखे संकेत भले ही,
राह स्वयं चुननी होती,
मन की धुंध के पार उतरकर
अपनी आवाज़ सुननी होती।

————————

जब-जब मैंने बाहर खोजा,

उत्तर और धुँधले निकले,
जब भीतर की सीढ़ी उतरा,
मौन में कुछ दीपक जले।

तब जाना – विचार हैं बीज,
कर्म उन्हें आकार देते,
डर बोओ तो काँटे उगते,
साहस बोओ, पथ भी मिलते।

अब समझा – भाग्य न पत्थर,
न बंदी कोई आज्ञा है,
मैं भी उसका सह-लेखक हूँ,
मुझमें उसकी परिभाषा है।

मन अब भटके, भटके थोड़ी,
मैं उससे घबराता नहीं,

खुद को पाना पहली मंज़िल,
अब मैं खुद से छिपता नहीं।

मन का खेल बड़ा निराला,
पर अब इतना जान लिया—

भाग्य नहीं बस पढ़ना मुझको,
उसको जीकर गढ़ना है।

25. दिल-ओ-संगीत की दास्तां

दिल-ओ-संगीत की बातें करें,
चांदनी रातों में यादें उतरें।
लम्हों को रुकने का मन करे,
सुरों के साए में दिल गुफ़्तगू करे।

तेरी मुस्कान में चांदनी का असर,
तेरी आवाज़ में बरसों का सफर।
पलकों पे ठहरीं वो कोमल दुआएं,
तेरे होने से महकतीं फ़िज़ाएं।

रातों की नमी में सुरों का सफर,
दिल से दिल तक बहता ये असर।
तेरे साथ हर पल एक नई कहानी,
दोस्ती, मोहब्बत, और रूहानी जवानी।

चंद लम्हे जो गुज़ारे,
मधुर गीत जो गुनगुनाए,
ना रही वक्त की जो खबर रे,
कब चांदनी हो जो मंद रे।

ये वक्त थोड़ा ठहर जाए,
तू कुछ देर साथ चल जाए,
कुछ और मीठी यादें बन जाएं,
बस यादों की सौगात तू दे जाए।

दिल के कोने, ख्वाब सजे,
संगीत के साए में लम्हे बुनें।
चांद के तले कहानी ढली,
दिल-ओ-संगीत की दास्तां लिखी।

26. तू बढ़ता चल

देश की शान लिए जीता तू,
देश की शान पे मरता तू।
शहादत से न कभी डरे,
अविचल, अडिग तू बढ़ता चले।

गगन से ऊँची साँसें तेरी,
सागर से गहरा है प्रण।
बादल-सी गरजन तेरी,
मन में है अग्नि का रण।

हथेली पे जान लिए फिरते,
होंठों पे वंदे मातरम्।
बनके हम बेफिक्रे,
देश के लिए सब अर्पण।

ना माँगी थी हमने जंग,
जब सरहद पे किया तंग,
खड़े सीना चौड़ा किए,
मुमकिन न अब पीछे हुए।

चाहे हम ख़ुद मिट जाएंगे,
पर तेरा सिंदूर न लुटने देंगे।
देश के रंग में रंगे रहेंगे,
उसके दीप बन जलते रहेंगे।

इस मिट्टी से जन्म लिया है,
इसी में फिर समा जाएंगे।
देश की गोद में चैन मिलेगा,
उसके आँचल में खो जाएंगे।

देश के लिए जो लहू बहे,
हर बूँद में इतिहास कहे।
मिट्टी का कर्ज़ चुकाने को,
माँ, फिर-फिर जन्म हमें मिले।

तेरा नाम हो आख़िरी सांसों में,
तेरी यादें हों इन आँखों में।

जो बचें भी रहें तो क्या बात है,
अगर धड़कन में तेरा नाम न हो।

देश की शान लिए जीता तू,
देश की शान पे मरता तू।
शहादत से न कभी डरे,
अविचल, अडिग तू बढ़ता चले।

27. मेरी लाड़की

मेरी लाड़की तू छोटी गुड़िया,
हँसी की फुलझड़ी, प्यार की जड़िया।

———

संग जिए वो बचपन के दिन,
रूठना-मनाना, मस्ती के पिन।
कभी खिलखिलाई, कभी लड़ पड़ी,
फिर भी दिल से जुड़ी रही बड़ी।

हर बार तू मेरे पीछे खड़ी,
हर जीत में तू ही सबसे बड़ी।
तेरी आँखों में है भरोसा गहरा,

तू कहे – “भैया, तू सबसे प्यारा।”

मुश्किल हो या उलझन भारी,
तेरी सलाह लगे सबसे न्यारी।
कम ही तू चिंता में घबराई,
हर बार मुस्कान ही छाई।

तू खुद को रखे सबसे पीछे,
पर मेरी फिक्र तुझमें दिखे।
तू हँसी बाँटे जैसे त्योहार,
तेरे बिना सब कुछ बेकार।

मेरी लाड़की तू छोटी गुड़िया।

28. ए दोस्त

आज जंग में तू खड़ा है,
दुश्मन बनके क्यों खड़ा है?

दिल से बस निकला एक राग है,
इस जंग में न किसी का भला है।

कभी साथ बैठकर पीते थे चाय,
आज वही सामने सीना ताने खड़ा है।

कभी माँगी थी तेरे नाम की दुआ,
वही आज मौत बनकर खड़ा है।

आज जंग में तू खड़ा है,
दुश्मन बनके क्यों खड़ा है?

हर वक़्त जो मेरे साथ था,
बुरे वक़्त में तूने मुँह मोड़ा है।

दो बिल्लियों की लड़ाई में फटा बंदर है,
क्यों तू न समझा – हमें लड़ाता कोई और
है।

हमें तोड़ने-बिखेरने की साज़िश है,
तेरा साथ हो तो नाकाम हर कोशिश है।

आज जंग ने छेड़ी मन में आग है,
मन गाना चाहे मेघ मल्हार है।

आज जंग में तू खड़ा है,
दुश्मन बनके क्यों खड़ा है?

———————

ए दोस्त, फिर से दे हाथों में हाथ,
चल पड़ें नए सफ़र, नई राह साथ।

ना सह पाऊँगा दर्द तेरे जुदा होने पर,
यही इबादत – तू सफल हो मंज़िल पाने पर।

अगर लौटना चाहे तू तबाही के गलियारों
से,
मर के भी मिलूँगा मैं सुकून के किनारों
पे।

आज जंग में तू खड़ा है,
दुश्मन बनके क्यों खड़ा है?

29. थोड़ा वक्त उधार दे दूँ

समय आज कम लगे,
उधार तू कल से ले ले,
जी ले थोड़ा आज भी,
थोड़ा कल पे छोड़ दे।

थकना, टूटना,
दिन-रात बस चलना,
भागते-दौड़ते,
ये कैसा है जीना?

———————

साँसें भी जैसे जल्दी में हैं,

और मन से पूछे –
कैसे,
कैसा है जीना?

भागती-दौड़ती इस भीड़ में,
मैं खुद को ही खोता जाऊँ,
ढूँढूँ एक शामियाना,
चाहूँ थोड़ा ठहर जाना।

भरी दुपहरी में, खुली सड़क पे,
मिल जाए अगर कीकर का पेड़,
वैसे ही इस जीवन की दौड़ में,
मिल जाए कोई ठहरने का पल।

कंधों पर कल का बोझ,
आँखों में आज की थकान,

हर चेहरा कुछ ढूँढ़ रहा,
हर दिल में कोई वीरान।

यही तो समय की मारामारी,
हर दिल में समय की कमी,
उधार अगर दे पाता किसी को,
खोल दूँ समय की दुकान बाज़ार में।

जो थका हो उसे दो पल दे दूँ,
जो टूटा हो उसे आराम,
जो चुपचाप रोता हो भीतर,
उसके हिस्से दे दूँ एक शाम।

भयभीत से अब अभय बनूँ,
अमावस की रात का तारा,

जो भटके हुए हैं रास्तों में,
उनके लिए बनना चाहूँ एक रास्ता।

बोझ लिए जो चलते जाते,
बनूँ उनका सहारा,
भीड़ में जो खुद को खो दें,
उनके लिए बनना चाहूँ दिशा।

थकते कदमों के लिए ठहराव,
टूटे मन का किनारा,
जो जीवन से हार चुके,
उनके लिए थोड़ा वक्त बनूँ।

मैं कोई बड़ा आसमान नहीं,
बस छोटा सा साया बनूँ,
भरी दुपहरी की राहों में,
कीकर की छाँव बनूँ।

ना जीत की जल्दी,
ना हार का डर,
बस इतना सा सुकून,
कि भीतर थोड़ा घर हो।

जो खुद से ही दूर निकल गए,
उनको खुद तक लाना,
जो अपनी ही साँसें भूल गए,
उनको फिर से जीना सिखाना।

समय आज कम लगे,
क्या हर पल में खो दूँ?
थोड़ा आज को जी लूँ,
थोड़ा कल पे छोड़ दूँ।

कुछ पल अपने पास रखूँ,
कुछ औरों को दे दूँ,
जो थककर, हारकर बैठा हो,
उसे अपना थोड़ा वक्त दे दूँ।

30. वो शाम फिर कभी तो आए

वो शाम फिर कभी तो आए,
वो शाम कभी ना जाए,

क्यू खास हे ये शाम???
श्ह्ह्ह.....

ये बहुत ही खास है,
मेरे दिल की बात है।

भुलु चाहे हर बातें,
चलु संभाले ये यादें।

पर्ची पे लिखा हुआ तेरा,
चुपचाप सा इकरार नामा,
खुशबु से जो पहेचाना,
ना सिकवा,
पर कल तक तो था इनकार तेरा।

ये शाम, क्यू है खास?
शाम छुपाती कोई राज?
वो शाम फिर कभी तो आए,
वो शाम कभी ना जाए।

————————

शिकायत से आज शिकायत है,
क्यू, फिर भी क्यू, शिकायत है,
शिकायत हर शाम से है,

शिकायत उस शाम से भी है।

क्यू, रोज शाम आती है,
पर, ना लाती पर्ची है,
क्यू, वो शाम ना आती है,
अफसोस, पर्ची याद आती है।

———————

शिकवा, उन लोगो से भी है,
कहेते, तेरी ना मैं भी हाँ है,
अगर, तेरी हर ना भी हाँ है,
तो,
क्या पर्ची सचमे तुमारी है?

———————

कितनी शाम गुजरी तेरे इंतज़ार मैं,

वो पर्ची अब लगती एक इम्तहान है।

खामोशी भरी शाम, मेरी आदत,
पर्ची वही वो शाम, मेरी इब्बादत,
तन्हा आज की शाम, मेरी हकिकत,
तेरी पर्ची की बात, मेरी अमानत।

31. मन और दिल का द्वंद्व

लंबी उड़ान, खामोश जहान,
मन और दिल में छिड़ी थी तान।
बाहर सब चुप, अंदर तूफ़ान,
मेरे ही हाथों में न कमान।

———————

मन ने पूछा – “तेरे जीने का सहारा
कौन?”
दिल सँभलकर हँसके बोला – “कौन?
गहरे समुंदर को क्या सहारा,
वो खुद ही अपनी लहरों का किनारा।

डूबे खुद में, निकले खुद से,
मैं ही सहारा, अपने हाल में।"

———————

मन ने फिर पूछा – "क्यों नहीं रुकता
कभी?"
दिल ने बोला – "रुकूँ तो बचेगा क्या
अभी?
मैं चलूँ तो तू सोच सके,
मैं धड़कूँ तो तू जी सके।
मैं रुकूँ तो तेरा क्या काम?
सूना पड़ जाए तेरा जहान।"

———————

तंग आकर दिल ने पूछा –

“तू क्यों रहता इतना बेचैन?
क्यों तू बरसता बिन मौसम?
क्यों हर चाहत आधी, कम?”

मन था चंचल, हँसकर बोला –
“तू करे तो बस धड़कन,
मैं करूँ तो बेमौसम बारिश?

तेरे तूफ़ान सबको प्यारे,
मेरी हलचल लगे साज़िश?
तेरी धड़कन से चलता हूँ मैं,
मेरे ही दम से उड़ता तू।
बना परिंदा मेरी सोच से,
वरना मेढक बन रहता तू।”

———————

और मैं...
बस सुनता रहा।
ना मन को रोका,
ना दिल को समझाया।

उस लंबी उड़ान में पहली बार,
दुनिया का शोर बहुत दूर था।
बाहर खामोशी पसरी थी,
अंदर मेरा ही हुजूम था।

कौन सही था, कौन ग़लत था,
मैं ये फ़ैसला कर न सका।
पर दोनों मेरे अपने थे,
मैं उनसे नज़रें हटा न सका।

एक ने रोका, एक ने धक्का,
एक ने सोचा, एक ने चाहा।
मैं बीच में बैठा बस इतना समझा –
दोनों ने मिलकर ही मुझको बनाया।

32. बादल से सवाल

ये बादल कहाँ से आते, कहाँ को जाते,
रंग बदलते, बरस-बरस क्या राज़ बताते?
कभी यूँ गरजते क्यों, कभी चुप हो जाते,
ए बादल! तू सच बता—क्या मुझको
सिखाते?

———————

मेरा मन भी तेरे जैसा, भरा हुआ तूफ़ान,
बातें अंदर दब के बैठीं, ढूँढें अपनी ही
राह।

कभी आँखों से बरसता, कभी बातों में
आग,
हर बार खुद पे ही गिरता, मेरा अपना
राग।

ना सही वक्त मिला कभी, ना कोई साथ,
जो कहना था इस दुनिया से, दिल में ही
रह गया।
सोचूँ मुझमें कमी है या मेरी ही है भूल,
क्यों हर बार मैं ही फँसता इन हालातों के
खेल?

———————

क्यों समझौता मैं ही करूँ, क्यों खुद को
समझाऊँ,

हर जज़्बात दबाकर मैं, खुद को ही मनाऊँ?
दुनिया को बस शोर चाहिए, मतलब की ना बात,
सच बोलूँ तो लग जाता हूँ सबको जैसे वार।

दिल में लाखों बादल हैं, पर बरसूँ तो कहाँ,
ना सही सा वक्त मिले, ना कोई अपना यहाँ।
रोक लिया हर तूफ़ान, ये सोच के हर बार,
शायद कल आएगा मौका, बोल दूँ खुला इज़हार।

————————

बादल बोला धीरे से—“तू इतना क्यों
घबराए,
हर बादल हर वक्त नहीं यूँ ही बरसने
जाए।
जो हर पल बरसे यूँ, वो बिखर ही जाता,
जो रुक के बनता तूफ़ान, वही असर
दिखाता।

पहली बारिश बनना तू, जो सूखे को
भिगो दे,
बेमौसम मत बरसना, जो सब कुछ ही
डुबो दे।
वक्त को पहचान जरा, खुद को थोड़ा
थाम,

तू भी बादल है अंदर से, तुझमें पूरा
आसमान।"

———————

अब ना हर बार गरजूँ, ना हर बार बरसू,
मन में रख के आग को, सही पल पर
दिखूँ।
रुक के खुद को गढ़ना है, बनना है
पहचान,
बरसूँगा जब वक्त आए—बनकर पूरा
तूफ़ान।

पहली बारिश बनूँगा, जो सूखे को भिगो
दे,
ना बेमौसम बरसूंगा, जो सपनों को डुबो
दे।

अब फैसला मेरा है, ये राह मैं चुनता,
मैं बादल हूँ अपना—अब सही वक्त पे
बरसता।

33. मन : खुद को पहचान तू पहले

कुएँ का मेढ़क, नभ का पंछी,
दोनों अपनी धुन में सच्चे।
फिर क्यों मेढ़क चाहे उड़ना,
पंछी चाहे जल में बचके।

जो भी पाया भाग्य लिखाकर,
मन को फिर मंज़ूर नहीं।
पांव टिकें कुछ पल धरती पर,
ऐसा इसका दस्तूर नहीं।

———————

आज मेढ़क, कल बन परिंदा,

आज शांत, कल भागे मन।
क्यों न थकता, क्यों न रुकता,
क्यों दौड़े हर पल पागलपन।

क्यों चाहे तू समय से आगे,
सबसे पहले पार उतरना।
तेरी छाया होती अगर तो,
कहती पहले थोड़ा ठहरना।

थोड़ा डरना, थोड़ा सुनना,
थोड़ा अपने पास भी रह।
हर धड़कन को नाम न दे तू,
हर मिलन को जीवन मत कह।

मन मिला जो थोड़ी देर को,
क्यों उसको संसार कहा।
चंचल मन को बाँध न पाना,

फिर किसने अधिकार कहा।

तू है मस्त मगन सा बादल,
तू है खुला गगन का राग।
बन परिंदा, उड़ जा खुलकर,
मत ढो मन पर जग का भार।

ढूँढे जग में अपने जैसे,
ना भी मिलें तो कैसा ग़म।
अपनी धुन में जीना सीखो,
यही तो जीवन का है दम।

भँवरा बन तू फूलों खातिर,
चकोर बन चंदा के लिए।
उल्लू बनकर डर मत जीना,
रौशनी से भाग मत जाना।

उड़ना है तो उड़ मन मेरे,
अपने ही आकाश तले।
कुएँ, गगन, दोनों तेरे हैं,
खुद को बस पहचान पहले।

www.ingramcontent.com/pod-product-compliance
Lightning Source LLC
Chambersburg PA
CBHW050528240926
51846CB00003B/740

* 9 7 8 9 3 7 5 4 3 8 2 1 2 *